DR. ROSINHA

POR SÁLVIO NIENKÖTTER E VALSUI JÚNIOR

DR. ROSINHA
UMA VIDA, MUITAS LUTAS

KOTTER
EDITORIAL

editor Sálvio Nienkötter
editores-assistentes Raul K. Souza e Valsui Júnior
projeto gráfico Gabriel Mesquita e Bárbara Tanaka
foto da capa: Carlos Ruggi
produção Cristiane Nienkötter

Dados Internacionais de Catalogação na Publicação (CIP)
Angélica Ilacqua CRB-8/7057

Nienkötter, Sálvio; Júnior, Valsui
Dr. Rosinha : uma vida, muitas lutas / Sálvio Nienkötter e Valsui Júnior. – Curitiba : Kotter Editorial, 2018.
88 p.

ISBN 978-85-68462-79-9

1. Dr. Rosinha, 1950- Biografia 2. Partido dos trabalhadores
3. Políticos - Brasil - Biografia I. Título II. Autor

CDD 923.20

Kotter Editorial
Rua das Cerejeiras, 194
82700-510 | Curitiba/PR
+55 41 3585-5161
www.kotter.com.br | contato@kotter.com.br

1º edição
2018

SUMÁRIO

LINHA DO TEMPO

1950 – Florisvaldo Fier nasce em Rolândia, no interior do Paraná

1957 – Começa o Primário na Escola Municipal da Gleba Bandeirantes, depois identificada como Takeo Teshima, em Rolândia

1963 – Entra no Ginásio

1967 – Começa o Científico no Colégio Estadual Presidente Kennedy

1968 – Aos 17 anos, trabalha como professor primário

1969 – Muda-se para Curitiba para fazer o terceiro ano de Científico e o cursinho preparatório para o vestibular do curso de Medicina

1971 – Começa a cursar a Faculdade de Ciências Médicas da Universidade Católica do Paraná

1976 – Forma-se médico

1977-78 – Faz a Residência em Pediatria no Hospital da Criança César Perneta, atual Hospital Pequeno Príncipe

1980 – É convocado para ser presidente do Centro Brasileiro em Estudos de Saúde em Curitiba

1980 – Começa a trabalhar na Prefeitura Municipal de Curitiba. Participa, no Colégio Sion em São Paulo, da Fundação do PT

1981 – Filia-se ao PT e participa da fundação do PT no Paraná, junto a nomes como Edésio Passos, Claudio Ribeiro e Geraldo Vaz

1984 – É eleito secretário-geral da Associação dos Servidores Municipais de Curitiba

1985-87 – Exerce a presidência da Associação dos Servidores Municipais de Curitiba

1988 – É eleito vereador em Curitiba

1990 – Vence a eleição para deputado estadual

1992 – Candidata-se à prefeitura de Curitiba, porém não se elege, ficando em quarto lugar com 40.567 votos

1994 – Vence, novamente, para deputado estadual

1998 – É eleito deputado federal

2002 – Elege-se novamente como deputado federal em uma eleição histórica, com 124 mil votos

2006 – É reeleito deputado federal com mais de 69 mil votos

2007 – No dia 7 de maio, é eleito vice-presidente do Parlamento do Mercosul (Parlasul)

2008 – Preside pela primeira vez delegações de observação eleitoral na Bolívia, presidindo novamente em janeiro e em dezembro de 2009

2010 – É reeleito deputado federal

2014 – Coordena a campanha de Dilma Rousseff no Paraná

2015 – Convidado pela presidenta Dilma Rousseff e com o consenso de todos os Presidentes dos países que compõem o Mercosul, assume o cargo de alto-representante geral do Mercosul

"Com Doutor Rosinha é possível escolher um caminho para o Paraná para reverter todo esse processo de desmonte do Estado feito pelos governos anteriores, uma alternativa para que o Paraná possa fortalecer os serviços públicos e ajudar a população que mais precisa dos programas sociais"

André Machado, presidente do PT Curitiba

"Eu acho importante que tenhamos candidaturas como a do Rosinha pois precisamos eleger gente comprometida com o projeto coletivo, solidário e transformador"

Olívio Dutra, ex-governador do Rio Grande do Sul

"Nós esperamos hoje que o povo do Paraná tenha compreensão de que não adianta apostar nos mesmos, aqueles que durante muitos anos sempre pregaram a política das elites, a política dos ricos, a política dos tubarões. Nós precisamos de pessoas exatamente iguais ao Rosinha que é uma pessoa firme, uma liderança esperta e que se eleito o governo do Paraná estará em boas mãos"

Pedro Tonelli, primeiro deputado estadual eleito pelo PT Paraná

"O Rosinha é uma pessoa que eu conheço há muito tempo nas suas lutas, na sua história, na sua dedicação e, principalmente, na sua generosidade com o povo do Paraná, com o povo de Curitiba. Nós sabemos de toda a sua trajetória e sabemos que ele será o melhor governador para o Estado"

Tadeu Veneri, deputado estadual pelo PT Paraná

"Eu estava um dia andando na rua, ali perto da praça Rui Barbosa, um tiozinho barbudo me entregou um panfleto. Eu recebi, e esse tiozinho olhou no fundo do meu olho e me deu uma palavra de esperança. Doutor Rosinha do começo ao fim"

Renato Freitas, candidato a deputado estadual pelo PT Paraná

"Eu apoio o Rosinha por saber que ele vai levar o Paraná para frente e defender os estudantes"

Ana Júlia Ribeiro, estudante que discursou na Câmara Legislativa do Paraná em 2016 contra a PEC 241

UMA DECISÃO DIFÍCIL?

"Conhecemos o Doutor Rosinha precisamente neste cargo do Mercosul, tivemos muito contato com ele no escritório em Montevidéu, sempre com as portas abertas e sempre com a mensagem do processo de integração, da unidade de todos os povos de toda a América. Ele tem sido um ativo participante dessa causa."

Juan Castillo, senador uruguaio do Partido Comunista em depoimento gravado na Vigília Lula Livre no dia 9 de agosto de 2018, sobre o tempo em que Rosinha assumiu o cargo de Alto Representante Geral do Mercosul

Era 2014 e, não que a missão não estivesse cumprida, jamais estaria, sua intuição pedia mudança: era preciso renovar o desafio. Iniciadas em 1990, haviam sido seis eleições consecutivas para deputado, as duas primeiras para deputado estadual, as quatro seguintes para deputado federal. Seis êxitos consecutivos depois de um outro (afinal havia sido eleito vereador por Curitiba, em 1988).

24 anos como deputado, 26 anos de mandato: era hora de mudar. As pesquisas davam absoluta garantia da reeleição, não era esse o caso, mas depois de quatro mandatos

consecutivos o essencial havia sido alcançado. Um quinto mandato federal não prometia novidade e a eleição presidencial seria muito dura, essa sim carecia de atenção máxima. Assim, um universo de emoções e convicções pessoais, liado à premência de ajudar o partido que ajudara a fundar a seguir com o seu projeto nacional, reelegendo a presidenta Dilma em 2014 o leva a renunciar a uma nova candidatura e aceitar a coordenação da campanha de Dilma Rousseff no Paraná em 2014.

A eleição foi muito dura, com variáveis inesperadas, como a lamentável morte prematura de um candidato, Eduardo Campos, que comoveu o país e reembaralhou a eleição. Talvez devido a essa comoção, o eleitor inclinou-se em direção de Marina Silva, que era vice da chapa do candidato morto precocemente e que, diante da tragédia, assumira a cabeça de chapa. Novas emoções viriam, à medida que, entregue a si, Marina ia perdendo força junto ao eleitorado, devolvendo a liderança para Dilma Rousseff e a Aécio Neves, que crescia junto e agora era ele quem ameaçava. Dilma e Aécio, que acabaram no segundo turno, tiveram uma luta de titãs, vencida por Dilma (missão cumprida!) ainda que por margem pequena. Isso significava mais uma vitória na vida política de Rosinha. Hora em pensar sobre o rumo a tomar.

Mal iniciava-se janeiro de 2015 quando recebeu uma ligação peculiar. Era de Marco Aurélio Garcia, assessor especial da Presidência da República para Assuntos Internacionais perguntando sua altura. Rosinha refletiu um pouco, procurando entender o propósito, achou por fim que se tratasse de qualquer formalidade palaciana e responde: um metro e setenta, por quê? Porque queremos indicar seu nome para ocupar o cargo de Alto-Representante-Geral do Mercosul. Tratava-se do cargo máximo da instituição, um cargo internacional, dependeria da aprovação de todos os países que compunham o bloco.

Cabia ao Brasil indicar o nome, mas seria difícil obter essa aprovação para alguém com um currículo de lutas sociais como o de Rosinha, ainda que enquanto deputado federal já tivesse sido indicado e exercido o cargo de presidente (de junho de 2008 até fevereiro de 2009) do Parlamento do Mercosul — o Parlasul —, onde ganhou destaque pelos trabalhos em torno da integração dos países, abertura comercial e eleições diretas dos seus representantes no órgão legislativo regional.

Pouco afeito a comendas, o lustro da posição de Alto-Representante-Geral não o movia, mas poder fazer a um só tempo pelo próprio país e pelos *hermanos* atiçou forte sua ansiedade. Sim, indubitavelmente queria, desejava ocupar esse cargo, ter essa experiência ímpar, queria ajudar o Mercosul a conquistar o que lhe era de direito, por meio de negociações acertadas. Admitia, uma pequena euforia o tomava. Os ventos sopravam favoráveis, mas sempre há a tensão da espera e o temor de alguma reprovação por parte de alguns ou de um dos países. Como precisava de consenso, a reprovação de um só país seria o suficiente para barrar a indicação. Tinha de se conformar, era fato consumado, dizia de si pra si olhando para o aparelho de telefone.

Quando a expectativa voltava se punha a refletir: *vou batalhar para que seja igual ou muito semelhante à relação com os congressos de todos os países do Mercosul. Eu vou buscar, dentro de minhas possibilidades, que os acordos sejam votados o mais rápido possível... Vou promover a integração dos países membros, preciso propor projetos voltados à saúde, à educação, à justiça, à cultura, ao emprego, ao combate da pobreza e da desigualdade, desenvolver o que haja de caráter social...*

Quando se completaram quinze dias do telefonema de Marco Aurélio Garcia anunciando a indicação e a resposta não havia chegado, ficou claro que outro nome já devia estar sendo considerado, os países vizinhos haviam vetado Rosinha. Uma pena. Mas ao vigésimo dia o telefone tocou e a notícia veio escandalosa: aprovado por unanimidade!

Não pôde disfarçar a lágrima ao lembrar do percurso, da luta, do menino nascido na roça, e em roça alheia, o depois ter conseguido se formar em Medicina, com três especializações diferentes, ter vencido o preconceito e lutado a luta política do lado dos que se importavam os mais carentes... Chegava agora a um cargo em que encabeçaria um dos raros conglomerados econômicos e comerciais do mundo.

Não havia dúvida, aquela lágrima não era do político experiente, era do menino roceiro que sonhara honrar o nome do pai e da família. Mais uma lágrima, um suspiro, e era hora de ligar para Celso Amorim, nosso eterno chanceler: precisava se aconselhar, era uma missão que não poderia falhar.

Assim, contrariando todos os prognósticos, vencendo o preconceito e as dificuldades mais fundantes, em 25 de fevereiro de 2015, aquele que fora o menino roceiro, e jovem estudioso e aventureiro, tomou posse em Montevidéu como Alto-Representante-Geral do Mercosul, o mais alto posto político dentro do bloco.

DE ROLÂNDIA PARA O MUNDO

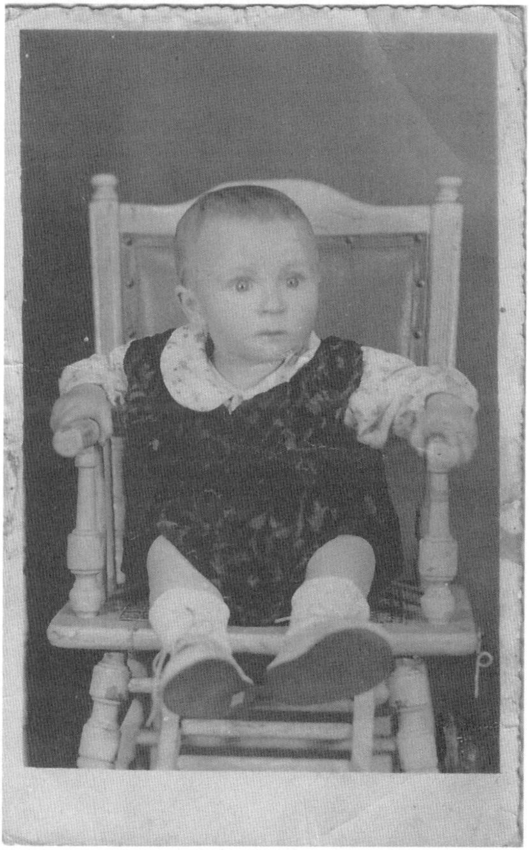

O bebê Florisvaldo Fier, em Rolândia, onde cresceu

Antes de se notabilizar pela atuação social e política, ou se destacar pela abundante barba e pelas camisas cor-de-rosa, Florisvaldo Fier crescia na roça em que nascera, entre Rolândia e Sabáudia, no interior do Paraná. Filho de Sebastião Basílio Fier e Uracy Sanches Fier, nasceu na condição de segundo neto paterno, porém foi o primeiro deles a sair da casa dos pais. Talvez inspirado pelo primo materno, que atualmente é professor na USP, e que havia saído de casa antes que o futuro Dr. Rosinha.

Era uma família patriarcal na qual o avô era quem cumpria o principal papel e, assim, todo o dinheiro amealhado por todos era retido e administrado pelo 'Nono'. Para o jovem Florisvaldo (ou apenas "Vardo", como a família o chamava — apelido que surgira da maneira típica dos parentes de falar "Valdo") isso representava um empecilho, pois que lhe tolhia a liberdade. "Rapaz, você sabe o que é levantar às cinco da manhã, no clima que fosse, e sair pra trabalhar na roça? Era penoso!", nos afirma com olhar distante que só.

Amigos da juventude de Rosinha.
Ao fundo, a igreja que o pai de Rosinha ajudou a construir

Depois de um primário precário, em sala multiseriada, passou a receber uma melhor educação quando foi morar na casa de um primo paterno, Amadeu, para cursar o primeiro ano de ginásio. Pela manhã ia para as aulas mas, durante a tarde, trabalhava. Dobrava panos e fazia a faxina da *Casa dos Retalhos*. Apesar de se tratar de uma família receptiva, que lhe cobria de tudo que necessitava e lhe tratasse bem, Fier não conseguia se adaptar ao ritmo.

Casa onde Rosinha vivera em Rolândia, no interior do Paraná

Assim para o segundo ano do ginásio acabou mudando-se para São Martinho, distrito de Rolândia, para a casa de outro primo materno, o Osmar. Lá, o jovem Florisvaldo tinha uma rotina parecida, porém ao invés de só dobrar panos, era balconista e ajudava na limpeza de um bazar cujo o dono era o primo. Mas novamente não se adapta à rotina e acaba voltando para o sítio. Morando lá cumpriu o terceiro e quarto ano do ginásio no período da manhã no Colégio Presidente Kennedy. Todas as manhãs, não importando se com frio, calor, chuva, geada ou sol, caminhava por pouco mais de dois quilômetros para pegar o transporte para ir ao colégio e, na volta, fazia o mesmo trajeto a pé. Duas vezes por semana era obrigado a voltar pela tarde para as aulas de Educação Física. Ia de ônibus e voltava o caminho totalmente a pé. Caminhava cerca de dez quilômetros, uma distância enorme para as curtas pernas de uma criança. Voltava sozinho e, como sentia medo, corria a maior parte do trajeto. O professor de Educação Física que se chamava Waldemar era um dos homens mais insensíveis, ao menos assim o via com o olhar de criança. "Será que quem trabalha na roça tem mesmo de fazer Educação Física?", questionava-se. O professor, no entato, era resoluto - não apenas negava a dispensa do aluno como também gritava, chamando-lhe de frouxo e ameaçando castigos.

Já no início do Científico, começou a estudar no período noturno e ir junto aos primos no jipe coletivo do sítio. Com o avanço dos estudos, aprendeu bastante a aritmética, a lógica, a geografia, a história, a língua portuguesa... "Ao invés de falar 'eu dei' eu falava 'eu di'", brinca, lembrando que isto muito se devia pelo fato de que o avô materno era espanhol e, assim, assimilava bastante da linguagem de seus antepassados. Apesar disso, desde cedo o jovem Florisvaldo era um ávido leitor da Bíblia, fato que até hoje é recorrente na sua vida. À época, brinca, chegava inclusive a rezar o terço publicamente para proteger as fazendas da região da ameaça comunista. Mais tarde é que descobriu o quanto rezou errado: era dos banqueiros e latifundiários que deveria pedir a proteção. Seu pai acabaria realmente perdendo as terras, não para comunistas, mas para o maior dos símbolos capitalistas: o banco!

Quando jovem, assuntava atravessar a cerca, sair da fazenda pro mundo grande. Mas "a pressão para ficar era enorme".

Tamanha era a persistência e aspiração nos estudos que chegou até mesmo a ser professor de ensino primário aos 17 anos de idade, numa sala multiseriada de terceira, quarta e quinta séries. Isso durante um dos períodos do dia, enquanto no outro trabalhava ajudando os pais na roça.

Mesmo com todos os percalços que a vida lhe trazia, nada o deteria, ninguém foi capaz de o dissuadir de prestar vestibular para Medicina na Universidade Católica, cujas mensalidades, à época, ainda eram inferiores a um salário mínimo. Ele tinha um objetivo, uma obsessão: virar médico, ficar rico, e comprar uma fazenda. O sonho da medicina se concretizou, mas a realidade era outra: os tempos eram de um país fechado, sob o jugo militar, que não investia em saúde pública, e a vida de um médico realmente envolvido com os problemas dos pacientes não era nada rentável, muito ao contrário.

Escola Rural Municipal Takeo Teshima, em Rolândia, onde Rosinha estudou. Visita de 1996

Formatura do ginasial de Rosinha; o diploma fora entregue pelo prefeito de Rolândia na época, Primo Lepre

Era 1969 quando chegou a Curitiba, pela primeira vez chegava para ficar na promissora cidade grande, que havia visitado uma única vez. Seu acento linguístico era ainda de gente do interior, e isso continuaria por algum tempo, mas já morava na capital e vislumbrava um futuro melhor. Logo ao chegar alugou um quarto em uma república na Rua Riachuelo, junto a Elias Trevisan e João Binner. Lá, o banheiro era coletivo, e nele cada um tinha de lavar as próprias roupas. Fazia curso preparatório para o vestibular e o terceiro ano do Científico no Colégio Rio Branco, no Batel. Imagine: do cabo da enxada para o Batel! Que sofrimento.

Moraram ali por um ano, porém seja pela alta competitividade no curso de Medicina, seja pela formação formal mais precária, o jovem Florisvaldo não conseguira passar nessa primeira tentativa no vestibular. Já que as reservas do pai já não poderiam lhe sustentar por um segundo ano na capital, pediu para o filho que voltasse. Fier resiste e entre outras medidas de economia, passa a morar em uma república no Edifício São Paulo, localizado na rua Cruz Machado, dividindo o aluguel com, pasme caro leitor, cerca de outros 12 estudantes.

O jovem completou a proeza conciliando seus estudos com um emprego na gráfica do cursinho que frequentava; lá começou como encadernador, e, mais tarde, já como gráfico, aperfeiçoou-se no domínio das primeiras máquinas offset do mercado. Todavia, nunca chegou a ser formalmente registrado como funcionário. Geralmente, trabalhava das seis da tarde à meia-noite, porém pelo menos um dia na semana tinha de virar a noite. Numa das madrugadas em que trabalhava, acabou prendendo a mão num dos rolos de tinta tamanha a exaustão da jornada diária.

No ano seguinte, 1971, aprovado no vestibular de Medicina, Florisvaldo encontra uma república na Alameda Doutor Muricy, quase em frente à Praça Zacarias no centro de Curitiba, que já abrigava outros estudantes, tanto da república da Riachuelo como novos colegas de curso: eram em cerca de sete estudantes. Além disso, como o suporte financeiro que recebia do pai era escasso, não rejeitava os bicos de garçom que colegas da faculdade lhe arrumavam nos finais de semana no bar do Diretório Acadêmico Victor do Amaral — à época localizado na rua Emiliano Perneta, quase esquina com a 24 de Maio — onde ocorriam saraus todos as sextas e sábados à noite e aos domingos a partir das quatro da tarde. Trabalhava com outros dois colegas, Erasmo e Gilberto, e cada um ganhava 20% de tudo o que conseguisse vender no evento. Esse valor só fazia crescer e cada vez mais se tornava importante na composição do orçamento mensal do jovem estudante.

Agora acadêmico de Medicina, a vida do jovem de Rolândia ganhava novas matizes — e a sua visão de mundo, também. Na república da Dr. Muricy moravam não apenas estudantes de Medicina, mas também de Engenharia. Um deles, Roberto Mauro, aliado do Partido Comunista Brasileiro, como descobriria mais tarde, vai se tornando próximo do jovem estudante de Medicina e, nesse contexto, empresta-lhe dois livros que seriam a pedra de toque para uma insuspeitada mudança ideológica do acadêmico que chegou em Curitiba apenas para tornar-se médico e virar um homem rico, proprietário de fazendas: *Geografia da Fome* e *Geopolítica da Fome*, ambos do renomado médico e ativista Josué de Castro deram o pontapé inicial e principal no que viria a ser uma mudança de posição ideológica.

De alma inquieta, crítica e curiosa, Fier devorou as duas obras do intelectual pernambucano e nelas foi descobrindo, e cada vez mais se convencendo, que a verdadeira razão da fome e da miséria no mundo não estava calcada na falta de produção, mas sim na divisão iníqua dos insumos produzidos, fruto da ferocidade do capitalismo.

Ao mesmo tempo que os debates de cunho político e social tomavam conta da vida de Florisvaldo, chegava em

Curitiba o projeto Pixinguinha que oferecia no Teatro Guaíra espetáculos de grandes artistas da MPB por um valor simbólico de dez cruzeiros todos os dias, sendo realizados em horário que não interferia a programação normal do teatro, às 18H45.

A série "Seis e Meia", criada pelo produtor cultural Hermínio Bello de Carvalho, chegou a trazer à capital curitibana João do Vale, Zé Ramalho, Nara Leão, Toquinho, Paulinho Nogueira, Fagner, Gonzaguinha, entre outras personalidades da cultura brasileira que, ao discutir sobre a difusão da música, acabavam invariavelmente falando de política nos debates do diretório acadêmico logo após os espetáculos.

Foi em 1972 que o jovem Florisvaldo, ainda na república da Doutor Muricy, conheceu um uruguaio na Feira Hippie que acontecia logo em frente, na Praça Zacarias, e por onde transitavam muitos mochileiros. Portando apenas uma mochila e um saco de dormir, o retirante havia vendido o demais que tinha pois recebera a notícia de que o filho havia falecido no Uruguai. O acadêmico de Medicina, compadecido pela história, então o convida para pernoitar algumas noites na república onde morava e acaba comprando os últimos pertences do *hermano*: a mochila e o saco de dormir.

Seja pela natural curiosidade juvenil, seja pelo sentimento de patriotismo, o fato é que naquele momento uma ideia assaltou ao jovem Fier: queria também pegar a estrada e trilhar os caminhos recônditos da pátria. Deus te livre, leitor, de uma ideia fixa; do menino Florisvaldo Ele não livrou. Não hesitou em tingir as camisetas brancas que tinha, tão afeitas à própria profissão que escolhera, de cor-de-rosa para que a sujeira dos possíveis dias seguidos de carona na estrada não ficasse tão facilmente estampada nas camisas. Doce ilusão, mas...

No natal de 1972, quando o acadêmico viajava à casa dos pais para passar as festas de fim de ano junto da família, levava consigo as camisetas cor-de-rosa. No dia 2 de janeiro, como havia programado, o jovem saiu para estrada para viajar impulsionado pela impetuosidade juvenil. Ia de Rolândia para Curitiba, de Curitiba para São Paulo, onde ficaria na casa de parentes, e, de lá ia ao Rio de Janeiro — tudo de carona.

Na passagem pela capital fluminense, lembra-se atualmente Rosinha, enquanto andava por Copacabana, um oficial militar impede Fier de caminhar e lhe pede os documentos, fato nada inusitado naquele momento de ditadura que o país vivia. Ao tirar a mochila para a revista, o policial bruscamente a pega pelas mãos e lança todos os pertences do jovem estudante no meio do calçadão. Constrangido, sobrara para o estudante de Medicina ter de juntar as cuecas, os pares de meia e demais roupas após o policial ter garantido que ele não carregava nada de ilegal e lhe dado as costas.

Esse fato inconveniente, fruto da repressão militar de seu próprio tempo, não impediu que o jovem continuasse sua viagem até a capital mineira, Belo Horizonte. Chegando lá no início da noite, Fier acaba fazendo amizade com um grupo de pessoas que estava bebendo na rua. Não tendo onde dormir, a não ser debaixo de uma marquise, os novos colegas do viajante o convidam para pernoitar no apartamento onde moravam, no famoso edifício Maletta, no centro da cidade. Acabou ficando dois dias por lá.

Seja fruto da camaradagem ou da boa vizinhança, Florisvaldo obtinha êxito em conseguir acomodação na maioria dos lugares em que chegava e, assim, descobria cada vez mais a hospitalidade brasileira. Porém, não conseguir um local para dormir, não era motivo para desistir da jornada — como acontecera na noite chuvosa que chegara em Itabuna, no interior da Bahia: teve de dormir debaixo de uma marquise. "Um friiiio!"

"Aí aconteceu uma coisa bonita em Salvador", rememora rasgando um sorriso. Havia viajado de Teófilo Otoni até Jequié, na Bahia, com um casal homossexual, Orlando e Edísio. O irmão de um deles chegou a trabalhar com Caetano Veloso, gabava-se. Os dois indicaram procurar a casa de uma mulher chamada Miriã, assim que chegasse a Salvador. E lá ficaram durante oito dias, servidos de refeições do café da manhã ao jantar.

"Pra mim isso foi prova da solidariedade daquele povo", destaca Rosinha, encantado. De volta a Curitiba com as camisas cor-de-rosa, deixa de ser Florisvaldo: passou a ser chamado de Rosa. Sim, foram elas, as camisas cor-de-rosa que estão na origem primeira do apelido.

Mais além, já formado, trabalhando na residência médica, recebeu das mães dos pequenos pacientes que atendia a carinhosa alcunha pela qual ficou mais popular entre quem o conhece e com a qual fez sua carreira política: Doutor Rosinha.

VIDA POLÍTICA

"Na minha alma atlântica não tem lugar para o pacífico"

Doutor Rosinha

Em uma destas circunstâncias da vida que o acaso nos apresenta indivíduos interessantes que influenciam nossa trajetória, o jovem Rosinha conheceu Homero Teixeira de Carvalho, ávido difusor do cineclubismo em Curitiba. Tornaram-se, de imediato, amigos de boemia e cinema e acabaram morando juntos em duas oportunidades e em quatro casas diferentes. Entre outros, Homero, Chico e Valêncio Xavier, fizeram de Rosinha um frequentador da Cinemateca, no tempo que lá ainda se exigia carteirinha.

Juntos com o Homero e o Plínio tomaram a iniciativa de exibir filmes no salão de festas do edifício onde moravam. Era uma tentativa de, além de assistir bons filmes, constituir um clube de cinéfilos e debater política. Em 1976, Homero e Rosinha foram morar no Ahú e, juntos, dividiram moradia com os irmãos José e Carlos Pompe, estes dois últimos militantes do PC do B. Foi nessa ocasião que correu o massacre das direção do PC do B na Lapa, bairro de São Paulo, inclusive acometendo a vida de João Baptista Drummond — objeto do livro *Exílio*, de Ester Cristelli, publicado pela mesma editora que publicou o livro que está em suas mãos.

Um pouco mais tarde no mesmo ano, Rosinha graduou-se Inspirado nas sugestões de leitura do companheiro Roberto Mauro e, já com uma certa vivência ao atender os pacientes, especialmente na Santa Casa da Misericórdia, a posição ideológica do jovem médico já estava bastante consolidada. O sonho de virar um abastado latifundiário já não o alentava mais; porém, devido às agruras sociais que via ao longo da carreira profissional, a consciência política de Rosinha crescia exponencialmente.

No mesmo ano em que se formou, Rosinha voltou para sua terra natal em busca de emprego. Porém, vendo que o mercado para médicos estava muito fechado no interior paranaense, voltou para Curitiba.

Em 1977 passou na seleção da residência em pediatria do Hospital da Criança César Perneta, atualmente conhecido por Hospital Pequeno Príncipe. A escolha da área médica se deu principalmente pela vocação à clínica geral, e do gosto pelo contato olho a olho com os pacientes.

Apesar da vitória profissional de Rosinha, a bolsa que recebia era ínfima, no valor de um salário mínimo, e ainda assim concedida por uma empresa que tinha mais em vista a ação de *marketing social* do que propriamente de um pagamento justo aos profissionais. "Queriam que o pediatra receitasse no futuro o leite que produziam."

Rosinha forma-se médico pela Universidade Católica do Paraná em 1976

A ditadura militar começava a curva descendente que a destronou quando aquele rapaz franzino, de barba já espessa, na praça Afonso Botelho, mais conhecida como praça do Atlético, subiu ao palco para falar pela primeira vez ao público na greve dos metalúrgicos em Curitiba, ocorrida entre os dias 20 a 24 de novembro de 1979, um ano antes da fundação do Partidos dos Trabalhadores. De fato, um dia crucial na vida do jovem Rosinha que, a julgar por sua origem humilde, nunca sonhou chegar tão longe quanto sentira chegar naquele momento. Rosinha pôs-se a falar em público pela primeira vez em sua vida em nome do Comitê de Solidariedade aos trabalhadores metalúrgicos em greve, criado um pouco antes desse episódio por conta das mobilizações.

Entre falas trêmulas e balbucios, nascia o Rosinha como figura pública. Isso apenas do ponto de vista da carreira, uma vez que o ser com consciência política já se formara antes, nas conversas com os companheiros de moradia, nos debates políticos na Cinemateca, nas leituras, e na experiência do que vira e vivera viajando pelo país.

VITÓRIAS DA MILITÂNCIA POLÍTICA

Já na década de 1980, Rosinha torna-se médico concursado pela Prefeitura de Curitiba, atuando principalmente nas regiões periféricas da capital. No mesmo ano, o jovem médico é nomeado primeiro presidente do Centro Brasileiro de Estudos em Saúde em Curitiba, órgão do qual foi um dos fundadores. Exerceu o cargo até 1982, sempre com Armando Raggio como tesoureiro.

O Cebes era formado principalmente por militantes de centro-esquerda, o que propiciava debates e discussões entre os pesquisadores, médicos e acadêmicos. Lá costumavam tecer críticas ferozes ao sistema de saúde de Curitiba que, à época, contava com menos de vinte postos de saúde. Embora a cidade carecesse de médicos, não tinha um sistema de políticas públicas que garantisse atenção à saúde gratuita.

Seguindo os rumos dos ventos do leste, especialmente após a Declaração de Alma-Ata, na República do Cazaquistão decretada durante a Conferência Internacional sobre Cuidados Primários da Saúde, em setembro de 1978, que defendia a busca da promoção da saúde a todos os povos do mundo, os membros do Cebes cobravam cada vez mais a precariedade do sistema curitibano em vista da escassez de políticas públicas para a área, notadamente com relação às políticas de atenção primária de saúde.

Vendo a repercussão do caso, não demorou para que o então prefeito de Curitiba à época, Jaime Lerner, chamasse os integrantes do Centro para uma reunião pedindo que enviassem todas as propostas por escrito para a cidade. Rosinha e outros, como Armando Raggio, Vanda, Romeu Bertol, Angelo Col, Paulo Gustavo, Mário Nogarolli e Mário Leitão, começavam então um programa de apoio e suporte na atenção primária à saúde na capital paranaense.

Os primeiros números eram tenebrosos. Na Vila São Pedro, um local periférico da cidade onde Rosinha trabalhava e pesquisava já enquanto funcionário da Prefeitura, pelo menos 33% das crianças com até cinco anos de idade encontravam-se desnutridas. No Boqueirão, onde o colega médico Silvio Miranda trabalhava e trabalha até os dias de hoje, não havia números melhores. "Não tinha política naquela época", comenta Rosinha indignado.

Em várias ocasiões tinha de abandonar o compadecimento em nome da sinceridade ao falar para as mães: "O problema do teu filho é não ter dinheiro para dar o que comer a ele", dizia Rosinha para as mães das crianças apesar do quanto isso doía. A situação financeira dos profissionais de saúde na época também não era das melhores, como vimos. Quando foi trabalhar na Prefeitura, Rosinha já havia terminado a residência médica e já recebia salário de médico, mas mesmo assim não tinha condições de quixotescamente ajudar essas famílias necessitadas, como internamente desejava.

"Tínhamos um dilema, pois não podíamos internar as crianças desnutridas apenas pela desnutrição, até porque em hospitais elas correriam o risco de contrair uma infecção hospitalar", comenta contrariado ao lembrar da situação.

Com o programa de saúde que Rosinha e os companheiros do Cebes montaram, as mães levavam uma vez por mês seus filhos de até um ano de idade no Centro de Saúde, onde eram pesados, medidos e examinados para ver se estava tudo bem. Caso não os levassem, um agente de saúde era encaminhado para uma visita às casas delas.

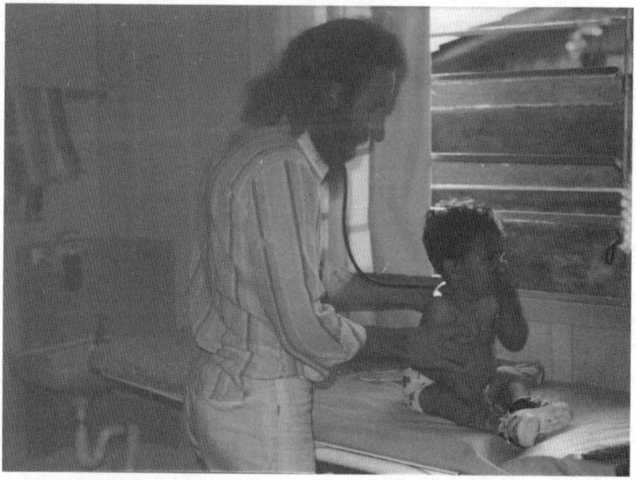

Já como pediatra, Rosinha passa a atender crianças no Centro de Saúde do Boqueirão, onde trabalhou antes de ir para a Vila São Pedro

Sempre que possível, Rosinha fazia debates de promoção à saúde junto às associações de moradores. "Fazíamos política porque saúde também é política", sublinha. Mas havia resistência reacionária. O velho Derosso, por exemplo, vereador naquela época, vendo a atuação social e política dos profissionais, ficava tão contrariado que inclusive pediu para demitir Rosinha de seu cargo na Vila São Pedro.

"Era um trabalho médico bastante politizado. Tanto era que teve agente de saúde que trabalhava comigo que foi sequestrado pela Polícia Federal", relembra Rosinha aterrorizado com a lembrança daqueles dias difíceis. Mas ainda assim se insistia, se fazia saúde com política.

Ainda que o trabalho nas comunidades exigisse de Rosinha mais do que no consultório, sempre acreditou piamente que seu trabalho combatendo a fome nas regiões periféricas era mais profícuo do que aquele que podia fazer dentro de uma sala de consulta no hospital. Desde quando assumiu seu primeiro trabalho na Fundação de Recuperação do Indigente, a Frei, até mais tarde, quando fora contratado pela Prefeitura Municipal, Rosinha nunca deixou de refletir e praticar o seu ofício em prol dos menos favorecidos.

Demorou, mas a roda do tempo girou e o dia da vitória eleitoral de Luiz Inácio Lula da Silva amanheceu nas eleições de 2002, e com ela o programa 'Fome Zero', que chegou a reduzir em 82% a população em situação de subalimentação no Brasil. Isso entre 2002 e 2012, de acordo com a Organização das Nações Unidas para a Alimentação e Agricultura (FAO).

Reacenderam-se as esperanças de Rosinha no seu combate pela erradicação da fome por meio de políticas públicas de qualidade. Algo pelo qual tanto lutou desde cedo, quando ainda era acadêmico e/ou residente médico, estava agora comprovado, e quase 40 milhões de pessoas saíram da situação de subalimentação.

FUNDAÇÃO DO PT NO PARANÁ

Rosinha ter sido convocado para ser o primeiro presidente do Centro Brasileiro de Estudos em Saúde, o Cebes, o colocou em condições de cumprir um dos critérios, que era o de ser dirigente de algum entidade de caráter popular, para participar da fundação do Partido dos Trabalhadores no Paraná.

Desde 1979, já existia em Curitiba um movimento de vários advogados trabalhistas, dentre eles Edésio Passos, Claudio Ribeiro e Geraldo Vaz e outras militantes, como Lígia Cardieri, Zélia Passos e Carmen Regina Ribeiro, a militar no próprio movimento pró-PT e, posteriormente, na construção do próprio PT no Paraná.

Nas reuniões, eles, além de assessorar os sindicatos, também apoiavam o movimento popular da habitação em seus debates políticos, inclusive na gênese da Central Única de Trabalhadores (CUT) no Paraná. A proeminência em trabalhos sindicais e sua relevância social seriam aproveitadas no novo partido.

"Não entrei no PT com as intenções de um dia ser candidato, isso foi acontecendo naturalmente", destaca o ativista. A condição de ser presidente da Cebes credenciou Rosinha a partir do dia 10 de fevereiro de 1980, no Colégio Sion, em São Paulo, durante a fundação do PT. Rosinha participou da fundação do PT e, em 1981, filiou-se ao PT do Paraná, sendo também um dos seus fundadores no estado.

Já filiado e militante do PT, em 1984, foi escolhido para exercer o cargo de Secretário-Geral daAssociação dos Servidores Municipais em Curitiba (ASMUC) e, mais tarde, exerceria o cargo de presidente da entidade entre 1985 e 1987.

Neste último ano, tornou-se membro do Diretório Estadual do PT no Paraná e elege-se, no ano seguinte, como vereador em Curitiba com 4.441 votos. Uma vitória merecida e conquistada a duras penas por um médico que nunca vacilou ao defender as causas dos menos favorecidos na capital paranaense.

Dia da fundação do PT, no colégio Sion de São Paulo (SP), em 10 de fevereiro de 1980

Rosinha e Florestan Fernandes no IV Encontro do PT em Brasília, em 1994 (acima). Abaixo, Doutor Rosinha (à esquerda) e o companheiro Silvio Miranda (à direita) na Câmara dos Vereadores de Curitiba

Campanha para vereador de Curitiba, 1988

Doutor Rosinha, já vereador, visitando um acampamento do MST em 1990

Doutor Rosinha, vereador

DESAFIOS NA VIDA E NA CARREIRA POLÍTICA

Mesmo com a insígnia da experiência, Rosinha ainda enfrentaria impedimentos que, ao cabo, o moveram no sentido de intensificar mais e mais a militância que vinha desenvolvendo. "Não desisto da política. Depois que se cria consciência política, não dá pra desistir, não dá", reitera enfático.

É inegável que a família de Rosinha era humilde, dado que vivia unicamente da produção obtida na roça em que o menino Florisvaldo viria a nascer e crescer, no interior do Paraná. Não bastassem as dificuldades já impostas, e como era intrínseco ao trabalho a céu aberto, estavam sempre expostos às vicissitudes do clima. No inverno de 1975, mais precisamente no dia 18 de julho, todo o norte do estado acordaria sob uma condição climática que entraria para os livros de história: a geada negra. Foram cerca de 300 mil hectares de plantações perdidas, que, na época, eram destinadas quase que exclusivamente à produção de café, inclusive a da família e da parentela de Rosinha.

A destruição pela geada impossibilitou a produção de café e, como existiam dívidas assumidas junto a bancos, o *nonno* junto aos filhos, dentre os quais o pai de Rosinha, foi obrigado a vender o sítio. A família inicialmente foi morar em Rolândia e, posteriormente, em Astorga. Porém, com a crescente dificuldade financeira mudaram para Curitiba no início da década de 1980. Na época Rosinha morava sozinho numa casa de dois quartos, num dos quais mal cabiam os pais quando vinham visitá-lo. Agora a pequena casa teria de abrigar os seis que vieram do norte do estado: o pai, a mãe, o irmão, a irmã, a cunhada com uma filha.

A família do médico recém-formado imaginava que o filho, que à época varava madrugadas de plantão no César Perneta, deveria ser bem-afortunado. Pura ilusão. Apesar da surpresa e das dificuldades, o jovem Rosinha aproveitava a oportunidade para levar o pai, que ganhava assim maior consciência política, a algumas reuniões, inclusive de debates sobre reforma agrária.

O revés que acometera a família de Rosinha, ao final das contas, também servia para descortinar para eles um outro lado importante da vida: o da militância política. Após esse encontro com a perspectiva política e ideológica do filho, os pais de Rosinha passaram a acompanhá-lo, desde as vitórias eleitorais para deputado estadual até, mais tarde, nas de deputado federal.

Era uma relação de reciprocidade: Rosinha recebia o suporte da família em sua jornada política e buscava retribuir esse apoio com zelo e dedicação. Dada a relação tão familiar tão próxima e orgânica, o choque que Rosinha recebeu foi extremo quando, no final de 1990, logo depois de sua primeira eleição a deputado estadual, descobriu que o pai fora acometido por um câncer, aos 63 anos de idade. E quando foi finalmente identificada a doença, ele já padecia dela havia alguns meses. Para Rosinha, que das memórias de garoto emergia um pai que era sinônimo de força e vigor no trabalho braçal da roça, foi um grande trauma vê-lo esmorecido em uma cadeira na maior parte do tempo. A doença não poupou a vida desse pai, que faleceu em dezembro de 1991, não sem antes fazê-lo sofrer os piores horrores reservados a um ser humano. "Meu pai apodrecia em vida" lembra lastimoso.

Ainda assim, o jovem candidato não esmoreceu a luta. Já no pleito de outubro de 1992, candidatava-se à prefeitura de Curitiba pelo PT. Embora não tenha ganho eleitoralmente o pleito, tendo ficado em quarto lugar, com honrosos 40.567 votos, essa eleição trouxe a Rosinha a experiência que necessitava para se tornar parte da membresia da Comissão Executiva do PT no Paraná, cargo que exerceu até 1995 depois de, em 1994 ter sido reeleito deputado estadual, desta vez com 10.145 votos, cargo que exerceu até 1998, quando vence para o seu primeiro mandato como deputado federal, agora com 34.769 votos populares. Isso o leva até a capital das repercussões políticas no país, Brasília.

Lula e Doutor Rosinha em 1992

FORA COLLOR, JÁ!
DR. ROSINHA

Lula e Doutor Rosinha em 1998

Samek
Lula

Já na Câmara Legislativa, Doutor Rosinha com Miguel Arraes, durante a legislatura compreendida entre 2003 e 2005

Doutor Rosinha e Eduardo Suplicy na Assembleia Legislativa, 1997

O PLANALTO CENTRAL

Era fevereiro de 1999 quando o paranaense de barba densa chegava à capital nacional para assumir pela primeira vez o cargo de deputado federal. Em contraste com a maior parte dos candidatos eleitos, não chegava de avião: viajou em um carro popular. Foi dirigindo seu Fusca desde Curitiba que Rosinha ganhou as ruas de Brasília, no Planalto Central.

O fato chegou, inclusive, a ser manchete de folhetins políticos da época e foi notório como a popularidade de Rosinha cresceu ao redor desse mito. Pelos corredores da Câmara dos Deputados, os cochichos do "homem que chegara de fusquinha em Brasília" eram ininterruptos. O recém-chegado às terras do Cerrado não precisava nem se apresentar; todos já sabiam quem era. Uma coincidência contribuiu para essa fama: no dia em que Rosinha viajou ao Distrito Federal era comemorado o *Dia do Fusca*, como singela homenagem ao modelo de carro popular mais famoso no Brasil.

Engana-se, porém, quem acredita que tudo se tratava de marketing político para criar a imagem de um personagem humilde. "Eu morria de medo de avião, e haviam me dito que era bom ter um carro em Brasília", explica com um sorriso de canto. Totalmente plausível, afinal, já outrora demonstrara habilidade e resiliência para aventuras na estrada quando viajara para o nordeste e, desta vez, estava disposto a desbravar os interiores do centro-oeste brasileiro. O 'fusquinha' ficou com seu dono por quatro anos, durante todo o primeiro mandato do deputado. Quando voltou a Curitiba, no entanto, furtaram-no.

Ao longo desse seu primeiro mandato em Brasília, Rosinha foi mais e mais percebendo o quanto a maioria dos congressistas tinha uma ideologia única e obsessiva: dinheiro, dinheiro e dinheiro.

Tratava-se de algo que Rosinha sempre combateu na política. Quando foi eleito vereador e deputado estadual, por exemplo, no intervalo de dez anos entre 1989 e 1999, tanto na Câmara dos Vereadores quanto na Assembleia Legislativa existia uma verba sob a rubrica de "assistência social". Mesmo tendo direito a usufruir da quantia, Rosinha recusava-se, pois acreditava que era mais uma distorção própria da vida pública brasileira.

Enquanto vereador e deputado estadual, Rosinha nunca chegou a receber verba de assistência social e, tampouco, recebia a verba de sessão extraordinária. Uma vez em Brasília, com Michel Temer como presidente da Câmara em julho de 1999, Rosinha enviou um ofício indicando que não receberia a verba de convocação de sessão extraordinária, o conhecido e não menos odioso *jeton*.

Neste contexto houve um fato novo. Em 2000, um deputado federal do Rio Grande do Sul foi eleito prefeito e quem assumiu em seu lugar foi a deputada Ana Corso, que, como Rosinha, abriu mão do jeton da convocação extraordinária. Eram, portanto, dois parlamentares abraçando a causa, e aí o embate se intensificou.

Doutor Rosinha na Câmara dos Deputados, em 2001

Já em 2002, no início do primeiro mandato do presidente Lula, assumiam também um grupo de deputados federais de primeiro mandato e, juntos a Rosinha, formaram um grupo de cerca de 12 parlamentares que se negavam a receber as regalias. Isso acabou por atrair a atenção da mídia e, diante das manifestações, os parlamentares na época não viam outra saída senão acabar com as sessões extraordinárias. "Foi uma luta que comecei sozinho e considero-me vitorioso", comenta com um franco sorriso.

Como consequência desses fatos, Rosinha começou a se destacar. Não havia razão para isso, já que o que fizera era apenas a obrigação de qualquer parlamentar consciente, mas já nos primeiros quatro anos enquanto deputado federal, foi destacado entre os cem melhores desempenhos, dentre os 513 parlamentares da Câmara dos Deputados. Muito disso se deve à transparência, e à coerência que sempre pautaram a conduta de Rosinha em suas empreitadas do Legislativo, dando mais voz a quem menos a tinha, como servidores públicos, estudantes, sem-terra, sem-teto, mulheres e demais minorias de todo o país.

Nesse contexto, não causou surpresa que, quando indicado pelo próprio PT para se recandidatar a deputado federal em 2002, Rosinha tenha atingido a votação histórica de mais de 124 mil votos. As mudanças que Rosinha vivia naquela época, sobretudo durante os governos de Lula, no entanto, só começaram a surtir efeito quando viraram história. "Eu nunca imaginei que políticas sociais democráticas mudassem um país. E o Lula fez um governo socialdemocrata. A socialdemocracia num país como o nosso muda tudo economicamente. Porém, culturalmente, na cabeça das pessoas, isso ainda demorará algum tempo para mudar".

Se eleito governador, Rosinha pretende ficar pouco dentro do Palácio. Simples da maneira que sempre foi, diz que só se sente à vontade em casa: ou seja, nas ocupações e acampamentos, onde o povo trabalha, junto às pessoas. "O Lula disse uma vez que quem pisa em carpete só pensa em carpete e quem pisa em barro, pensa no barro. Eu quero ser eleito para pisar no barro", reflete.

Não é à toa que ao longo de todos os seus mandatos, tanto enquanto deputado estadual quanto federal, Rosinha participa ativamente das lutas de diversas categorias de trabalhadores, bem como servidores públicos, professores, estudantes, trabalhadores sem-terra e sem-teto.

É de se imaginar, portanto, o quanto a tragédia do assassinato do trabalhador Antônio Tavares marcaria Rosinha pelo resto da sua vida pessoal e política.

MORTE DE ANTÔNIO TAVARES

"Seria um dos piores dias de minha vida". Na época no segundo ano de seu primeiro mandato enquanto deputado federal (foram quatro mandatos seguidos ao todo), Rosinha volta de Brasília para Curitiba na manhã de uma quinta-feira, dia 27 de abril de 2000. Logo que pisa na capital paranaense é chamado para uma reunião com os coordenadores do MST. Lá, eles pedem a Rosinha para que não volte a Brasília no próximo dia 2 de maio, uma terça-feira, como estava previsto, mas que ficasse para acompanhar as manifestações do dia do trabalhador em Curitiba que excederiam ao dia primeiro de maio, com a marcha pela reforma agrária, que chegaria a Curitiba justamente nesse dia 2 de maio. A manifestação teria início no parque Barigui. Assim sendo, acordou super cedo no dia 2 e encaminhou-se, com o companheiro Márcio Pessatti, ao parque Barigui, onde estava prevista a chegada dos manifestantes pela reforma agrária.

Eram 6H30 quando ambos se deram conta de que algo não ia bem. Meia hora mais tarde não era possível ver um carro sequer na rodovia que dá acesso ao Parque Barigui, a conhecida Rodovia do Café. Rosinha e Pessatti resolveram seguir pela rodovia até chegar no posto da Polícia Rodoviária. Lá, em meio a incursão de muitos policiais militares enquanto dezenas de passageiros eram obrigados a descer dos ônibus e serem revistados para daí embarcar novamente, avistaram Roberto Baggio sendo preso: era um dos líderes do MST. Imediatamente Rosinha lançou-se em defesa do companheiro... Para levar chute de um dos policiais contra sua perna direita.

Sem hesitar, minimizando a agressão, Rosinha continuou em busca de informações sobre o que estava acontecendo, até porque, sob aquelas circunstâncias, poderia muito bem tratar-se de uma investida contra as manifestações que estavam sendo alinhadas pelos movimentos populares. "Tão atirando em quem sai do ônibus, parece até que já morreu alguém ali", informava palpitante um dos companheiros que se esgueirava em direção contrária à dos policiais. Evitando deixar se intimidar, Rosinha buscava informações junto a um policial num carro da PM. "É mentira, é mentira!", afirmava enquanto demostrava apatia pela movimentação ao redor. "Pois me leve até lá!", retrucou peremptório Rosinha, apontando o caminho pelo qual vinham os companheiros que saíam dos ônibus.

Cedendo à intrepidez do deputado, contrariado o agente decidiu levá-lo ao local que requeria. "Foi uma das maiores barbaridades que pude ver na vida", relembra Rosinha com forte emoção. Gente apanhando, companheiros caídos, cachorros atacando quem ousasse avançar.

De pronto ligou para Célio Martins, o jornalista que à época era o seu assessor de imprensa. Ligou para que avisasse à imprensa do que estava ocorrendo. Em seguida, repórteres chegaram ao local e cobriram parte das agressões perpetradas pelos policiais.

Logo em seguida, Rosinha ligou para José Tavares, o então secretário de Justiça em busca de uma negociação. Porém, ele não o atendeu. Propôs, então ao interlocutor disponível da Secretaria a suspensão dos atos de violência. De nada adiantou. Tentou, então, contato com o comando geral da Polícia Militar. Nada!

No fim das contas, foram mais de 200 feridos, e um sem número de militantes presos. "Meu dia terminou no IML. Era por volta de uma hora da manhã quando vi o corpo de Antônio Tavares, já depois do exame de necrópsia. Eu vi a bala", recorda, constrito pelas imagens que o perturbam ainda nos dias hoje, de um assassinato que permanece na conta de Jaime Lerner, governador do estado na época do massacre.

A ojeriza de Rosinha pela opressão exercida contra as minorias de forma naturalizada, no entanto, remonta a longíquos tempos, quando discutia políticas públicas a favor das parcelas mais fragilizadas do país, tanto como político, quanto como médico profissional que atendia nas periferias da cidade.

Doutor Rosinha nos bastidores da Câmara dos Deputados, em 2001

Doutor Rosinha acompanhado de Marta (sua esposa) e Angelo Vanhoni, em 2003

Doutor Rosinha ao lado do deputado Orlando Fantazini em sessão plenária da Câmara dos Deputados, também em 2001

Sempre ativo na luta contra a opressão das minorias do país, Rosinha, enquanto deputado federal, participa de rodas de conversa com a população indígena, negra, sem-terra e de roda de maracatu na Câmara (continua a seguir)

Doutor Rosinha, deputado federal

LUTA PELAS MINORIAS

Desde cedo, uma das maiores revoltas que Rosinha sentia era a relativa à questão das minorias vitimizadas. Crescido em um sítio ladeado de colonos imigrantes, mais especificamente italianos e japoneses, Rosinha não teve muito contato com a opressão que sofre a população negra até os dias de hoje, por exemplo. Porém, já adulto e com consciência política formada, pôde perceber o quanto a questão racial é relevante. Comentários como "Ele é preto, mas é bonzinho, né?" eram comuns sempre que algum dos agricultores entravam em contato com os homens negros vindos do nordeste do país na época da colheita de café.

O constrangimento que experimentava nessas ocasiões ensejou a busca por participar dos debates sobre o racismo no Brasil e assim contemplar melhor a questão. Porém, não deixa de se assustar sobre o quanto o racismo ainda é enraizado no país. Em uma caminhada no final da tarde de sábado pela Avenida Sete de Setembro, em Curitiba, certa vez Rosinha foi abordado por um jovem jardineiro, que caminhava com seu material de trabalho, que logo se desculpou ao abordá-lo pedindo ajuda por não ter conseguido nenhum trabalho durante aquele dia: "Pode ficar tranquilo, senhor, eu sou preto, mas não sou ladrão não", dizia em tom humilde e de quase-súplica.

Outra questão que desde idos aflige Rosinha é o machismo. Quando era pediatra na vila São Pedro tinha de conversar com as mães para poder entender os problemas dos filhos, como é comum em qualquer consulta pediátrica. "Muitas delas chegavam com hematomas ou olho roxo, e nós já sabíamos o que havia acontecido", relembra.

Em uma dessas situações, a mãe de uma criança que chegou no consultório para acompanhar o atendimento do filho tinha um dos olhos roxo. Entre as conversas típicas sobre os motivos que levaram a levar o filho até ali, Rosinha percebia que a mulher tentava esconder os hematomas. Pôs-se a perguntar, preocupado com a integridade física da mãe: "O que houve? Foi atropelada?". A mulher, cujo semblante já parecia acostumado a responder esta pergunta, de imediato replica: "Fui sim, doutor. E o caminhão tá ali, sentado na sala de espera".

Por essas vivências e outras que Rosinha, já enquanto deputado federal na Câmara, aceitou com firmeza o convite das mulheres do PT para ser titular de uma CPMI no Congresso Nacional de combate à violência contra a mulher. Foi nessa experiência que o deputado percebeu quão ínfimo era o papel que o Estado cumpria na defesa da mulher. "O primeiro relatório que nós analisamos foi desesperador", lamenta-se. O Poder Executivo, de uma maneira geral, não propunha política públicas; o Ministério Público não se preocupava em fazer a defesa legal das mulheres, e o Poder Judiciário não julgava e tampouco pedia maior profundidade nas investigações de nenhum dos acusados.

Perturbado pelo cenário que havia visto no Congresso e de volta à Câmara dos Deputados, esta foi uma das primeiras sugestões quando assumiu a presidência da Comissão de Seguridade Social: a criação de uma subcomissão da violência contra a mulher. Criada a subcomissão, Rosinha viajava então para estados brasileiros onde as discussões da CPMI não haviam sequer chegado.

Em uma dessas capitais brasileiras, entre reuniões e debates da subcomissão, Rosinha recebia cada vez mais relatos arrasadores sobre mulheres que sofriam violência e abuso de seus cônjuges e não conseguiam sair daquela situação, pois o Estado não garantia nenhum anonimato caso denunciassem. Duas dessas mulheres, em busca de proteção, encontraram um abrigo para onde foram com seus filhos. Já fazia dois ou três anos que lá estavam quando Rosinha tomou a iniciativa de convidá-las para mudarem do local onde estavam para outra cidade. Uma delas aceitou, e já na cidade para onde foi realocada, conseguiu, com a ajuda de militantes da causa feminista local, um emprego, e com o apoio da administração pública local, uma casa para morar. "Hoje em dia a filha cursa Direito e, inclusive, já está empregada, comprando um apartamento", fala com orgulho Rosinha.

Por mais que esta tenha sido uma experiência pontual,

foi a partir de relatos e vivências como esta que Rosinha percebeu que não existe uma política de Estado que garanta qualidade de vida para mulheres vítimas de violência, além de mantê-las dentro de casas de abrigo. "O cara que comete feminicídio continua solto como se nada tivesse acontecido", esbraveja Rosinha.

Mais alarmante ainda para o candidato é como as questões da defesa e suporte de minorias no Brasil são renegadas para segundo plano, em particular após o golpe de 2016 e o desmonte dos direitos prioritários para o desenvolvimento dessas parcelas mais vulneráveis da população brasileira.

À esquerda, Doutor Rosinha com Lula; à direita, com Dilma

Da esquerda para a direita: Hugo Chávez, Doutor Rosinha e Lula

O GOLPE

"Vocês têm sido guerreiros incansáveis, resgatando o bom nome de Curitiba, cidade democrática, cheia de cultura, de um povo trabalhador, que criou exemplos de urbanismo e muita arte, daqueles que querem sequestrar o nome da cidade como símbolo do arbítrio e desejo de alguns poucos juízes de submeter a democracia a suas vontades e preferências pessoais. (...) O que eu mais queria é estar aí nesse momento. Abraçar o companheiro Doutor Rosinha, abraçar a extraordinária guerreira Gleisi Hoffmann, abraçar cada um de vocês. E na força desse abraço arrebentar as paredes que prendem meu corpo, mas que jamais aprisionarão a ideia de que é possível governar com o povo e construir um país mais desenvolvido e mais justo"

Luiz Inácio Lula da Silva, em carta sobre a resistência que se criou em Curitiba desde a sua prisão, no dia 7 de abril de 2018, lida pelo próprio Doutor Rosinha no Encontro Estadual do PT no dia 28 de julho de 2018

Rosinha estava fora, no Uruguai, onde ocupava o cargo de Alto-Representante Geral do Mercosul quando, no dia 2 de dezembro de 2015, soube da notícia da abertura do processo de impeachment de Dilma Rousseff. As principais manchetes de televisão cobriam o assunto de maneira exaustiva, porém não era suficiente para fazer Rosinha acreditar no que aconteceria com o país dali em diante "Não imaginava que iríamos ter tanta destruição com tanta rapidez", diz estupefato e franzindo a testa.

Durante este intervalo de tempo, Rosinha continuava na militância contra o golpe. "A elite brasileira não consegue permitir um país soberano no mundo e tomando suas decisões internas e políticas. Essa mesma elite não estava suportando um país que fazia inclusão social. Para eles, pobre e trabalhador não interessa", rememora Rosinha.

Ao mesmo tempo, nascia uma esperança, seja da juventude que ocupava as escolas secundárias, em especial no Paraná, ou das marchas das mulheres que militavam a favor da democracia e contra a injustiça no processo de cassação de Dilma.

Para Rosinha, o golpe remonta a muito antes do que se imagina e tem como origem um modo de fazer política que nasceu na ditadura militar. Já durante a lenta retomada da democracia no Brasil, os partidos se juntavam em coalizões cada vez mais fortes. "O PT, que surgiu nessa leva, não deveria ter surgido, pelo menos de acordo com esse modelo de governo. Afinal, eles não queriam que existisse".

Mesmo ganhando uma eleição presidencial, de acordo

com Rosinha, ainda é difícil governar, por conta do modelo político brasileiro. “Ainda existe a oportunidade de romper com isso? Apenas se Lula for candidato a presidente e eleito no primeiro turno, e, assim, tem maior representatividade para chamar uma Assembleia Nacional Constituinte, pois o Brasil precisa de reformas agrária, política, tributária e da mídia”, reitera.

É necessário observar que a ditadura do poder judiciário impediu que, enquanto o processo de escrita deste livro, Lula fosse candidato. "Hoje a esperança e os sonhos foram transferidos para o Haddad. A eleição dele significa a interrupção do golpe", complementa Doutor Rosinha.

O AMANHÃ COMEÇA AGORA

É impactante perceber o quanto Lula e o governo do Partido dos Trabalhadores transformaram o Brasil. Passamos de um país marcado pela fome e pela pobreza extrema para um país da inclusão social, da esperança, do emprego, do crescimento econômico e das oportunidades para todas as pessoas. Rosinha acompanhou e participou do processo desde a origem, ao votar a favor de todas essas políticas públicas propositivas enquanto vereador, deputado estadual e, especialmente, deputado federal. Foi assim que viu tomar forma o projeto e melhorar a vida do povo brasileiro, como era seu direito.

Deste amplo conjunto de políticas, impossível não destacar algumas delas: Rosinha trabalhou com afinco para a aprovação do Prouni, que levou milhares de brasileiros pobres a acessar uma instituição de ensino superior pela primeira vez na história. Mais do que tudo, devido as suas especializações nos campos da Pediatria e de Políticas Públicas, viu seu maior sonho sendo concretizado quando milhares de famílias foram contempladas com recursos para o próprio sustento e educação dos filhos por meio do programa Bolsa Família.

O fato de o Brasil ter andado para trás nos últimos anos por conta da imposição de um governo ilegítimo, aumentando os índices de fome, desemprego e violência, é sinal inequívoco de que ainda há muito mais a ser feito. Seja como líder político local ou nacional, Rosinha, atendendo às minorias, aos movimentos sociais e aos trabalhadores, sempre lutou com êxito para fazer isso acontecer.

Doutor Rosinha é fruto de uma história que estamos todos ajudando a construir e que, definitivamente, não termina aqui.

KOTTER
EDITORIAL

Este livro foi impresso em papel pólen 90g/m2,
tipografia Minion Pro, no inverno de 2018.